İyi uykular, küçük kurt

نَمْ جيداً، أيُها الذئبُ الصغيرْ

İki dilli resimli bir kitap

Ulrich Renz · Barbara Brinkmann

İyi uykular, küçük kurt

نَمْ جيداً، أيُها الذئبُ الصغيرْ

Çeviri:

Şerife Aydoğmuş (Türkçe)

Abdelaaziz Boussayer (Arapça)

Sesli kitap ve video:

www.sefa-bilingual.com/bonus

Şifre ile ücretsiz giriş:

Türkçe: **LWTR2927**

Arapça: **LWAR1027**

İyi geceler Tim, yarın aramaya devam ederiz.
Şimdi güzelce uyu!

ليلة سعيدة يا تيم!

غداً سَنُتابعُ البحث. أما الآنَ فنمْ جيدا!

Hava karardı.

لقد حلَّ الظلام.

Peki Tim ne yapıyor?

ماذا يَفعلُ تيم هُناك؟

Dışarı çıkıyor, parka gidiyor.
Orda aradığı nedir?

إنه خارجٌ إلى الملعب.
عَنْ ماذا يبحَثُ هُناك؟

Küçük peluş kurdu!
Onsuz uyuyamıyor.

عَنْ الذئب الصغير!
لأنه لا يستطيع النومَ بدونه.

Kimdir şurdan gelen?

مَنْ القَادِم؟

Marie! O da topunu arıyor.

إنها ماري! تبحث عن كُرَتِها.

Tobi ne arıyor peki?

و عَنْ ماذا يَبحَثُ طوبي؟

Vinçini.

عن حَفَّارَتِهِ.

Peki Nala ne arıyor?

و عَنْ ماذا تَبحَثُ نالا؟

Bebeğini.

عن دُميتِها.

Çoçukların yatağa gitmeleri gerekmiyor mu?
Kedi çok şaşırıyor.

ألم يَحِنْ وقتُ نَومِ الأطفال؟
تَتَسَاءَلُ القطة بعجب.

Şimdi kim geliyor?

مَن القَادِم الآن؟

Tim'in Annesi ve Babası!

Tim olmadan uyuyamıyorlar.

أمُ تيم و أبوه!

فهم لا يَستَطِيعونَ النَّومَ بدونِ ابنِهما تيم.

Bir çok kişi daha geliyor! Marie'nin Babası. Tobi'nin Dedesi. Ve Nala'nın Annesi.

و هنالك المزيدُ قادمون!
أبُو ماري. جدُّ طوبي. و أمُ نالا.

Hadi ama çabuk yatağa!

الآن أسرِعوا إلى النوم!

İyi geceler, Tim!

Sabahleyin aramak zorunda değiliz artık.

ليلة سعيدة يا تيم!

غداً لن يكونَ علينا البحثُ مجدداً.

İyi uykular, küçük kurt!

نَمْ جيداً، أيُها الذئبُ الصغيرْ!

Yazarlar

Ulrich Renz 1960'da Stuttgart'ta (Almanya) doğdu. Paris'te fransız edebiyatı ve Lübeck'te tıp okuyup bilimsel çalışmaları yayımlayan bir yayınevinin başkanı olarak çalışmaya başladı. Renz bugün bağımsız bir yazar, genel bilgi kitapları dışında çocuk ve gençlere yönelik kitaplar yazıyor.

www.ulrichrenz.de

Barbara Brinkman, 1969'da Münih'de doğdu ve bavyeradaki alpdağların eteklerinde büyüdü. Münih'de mimarlık okudu ve şu an Münih Teknik Üniversitesin'de mimarlık bölümünde araştırmacı olarak görevli. Bunun yanında serbest grafik tasarımcısı, illustratör ve yazar olarak çalışıyor.

www.bcbrinkmann.de

Boyama yapmayı sever misin?

Hikayedeki resimleri boyamak için buradan indirebilirsin.

www.sefa-bilingual.com/coloring

İyi eğlenceler!

Yaban kuğuları

Bir Hans Christian Andersen masalı

► 4-5 yaş ve üstü çocuklar için

Hans Christian Andersen'in yazdığı "Yaban kuğuları" dünyadaki en çok okunan masallardan biri olduğu boşuna denilmiyor. Her zamana uyarlanır şekilde insanlık dramların konularını biçimlendiriyor: korku, cesaret, aşk, ihanet, ayrılık ve yeniden kavuşmak.

Sizin dilinizde mevcut mu?

► „Dil asistanımıza" bir bakınız:

www.sefa-bilingual.com/languages

En Güzel Rüyam

► Okuma yaşı: 2-3 yaş üstü

Lulu uyuyamıyor. Onun bütün peluş hayvanları rüyaya daldı bile — köpek balığı, fil, küçük fare, ejderha, kanguru ve aslan yavrusu. Ayıcığın da gözleri neredeyse kapanıyor.
  Ayıcık, beni rüyana götürür müsün?
  Bu şekilde Lulu için, onu bütün peluş hayvanlarının rüyalarına götüren, bir yolculuk başlıyor — ve sonunda kendi en güzel rüyasına.

Sizin dilinizde mevcut mu?

► „Dil asistanımıza" bir bakınız:

www.sefa-bilingual.com/languages

© 2022 by Sefa Verlag Kirsten Bödeker, Lübeck, Germany
www.sefa-verlag.de

IT: Paul Bödeker, Freiburg, Germany

Font: Noto Sans

All rights reserved. No part of this book may be reproduced without the written consent of the publisher.

ISBN: 9783739918808

www.ingramcontent.com/pod-product-compliance
Lightning Source LLC
LaVergne TN
LVHW070220080526
838202LV00067B/6868